시니 소마라(Shini Somara) 글
1978년 영국 런던에서 태어났다. 헨리에타 바넷 학교에서 공부했고 부르넬 대학에서 기계 공학을 공부했고 2003년 공학박사가 되었다. 기계 엔지니어이면서 미디어 방송인, 프로듀서 및 작가인 그녀는 BBC 과학 프로그램을 진행하고 어린이책 작가로 활동하면서 모든 사람이 과학과 기술과 친해질 수 있도록 열정을 다하고 있다.

나자 사렐(Nadja Sarell) 그림
핀란드에서 태어났다. 2004년 노스 웨일스 스쿨 오브 아트를 졸업했다. 주로 핀란드와 해외의 아동 도서 출판사와 일을 한다. 어린이 그림책의 삽화를 그리는 일이 가장 신이 나는데 특히 개성이 넘치는 생생한 캐릭터를 만들어 내는 작업을 무척 즐거워한다.

박정화 옮김
단국대학교에서 영문학을 전공하고 동대학원에서 영문학 박사 학위를 받았습니다. 현재 단국대와 백석대에서 강의를 하면서 어린이책 번역가로 활동하고 있습니다.

나는 과학자가 될 거야

시니 소마라 박사 글 · 나자 사렐 그림 · 박정화 옮김
초판 1쇄 발행일 · 2021년 8월 10일
펴낸이 · 김금순
펴낸곳 · 디엔비스토리
출판등록 · 제2013-000080호
주소 · 서울 광진구 천호대로 709-9 음연빌딩 2층
전화 · (02)716-0767 팩스 · (02)716-0768
이메일 · ibananabook@naver.com
블로그 · www.bananabook.co.kr

A Scientist Like Me
First published in Great Britain in 2020 by Wren & Rook
An imprint of Hachette Children's Group
Part of Hodder & Stoughton
Carmelite House, 50 Victoria Embankment, London EC4Y 0DZ
Copyright © Hodder & Stoughton Limited, 2020
All rights reserved.
Korean translation © Dnbstory Co. (Bananabook), 2021
This edition is published by arrangement with Hodder and Stoughton Limited through KidsMindAgency, Korea.

이 책의 한국어판 저작권은 키즈마인드 에이전시를 통해 Hodder and Stoughton Limited와 독점 계약한 디엔비스토리(도서출판 바나나북)에 있습니다. 신저작권법에 의해 한국 내에서 보호를 받는 저작물이므로 무단 전재와 복제를 금합니다.
KC마크는 이 제품이 공통안전기준에 적합하였음을 의미합니다.

ISBN 979-11-88064-24-3 74840

• 바나나북은 크레용하우스의 임프린트이며 디엔비스토리의 아동 · 청소년 브랜드입니다.

나는 과학자가 될 거야

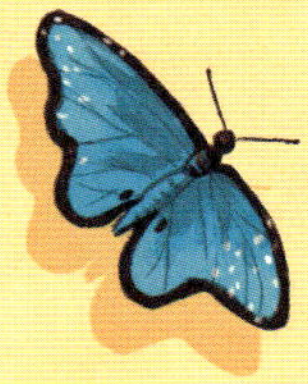

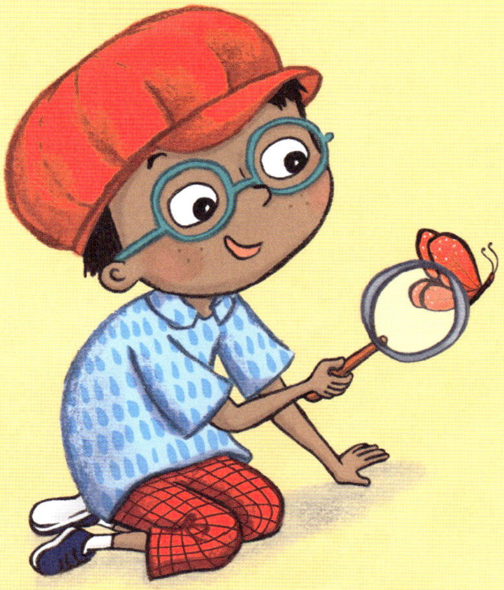

시니 소마라 박사 글 나자 사렐 그림 박정화 옮김

바나나BOOK

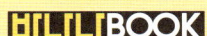

루벤이
　　계단을
　　　　뛰어내려 옵니다.

오늘이 엄마 생일이라 함께 바닷가에 가기로 했거든요!

이런! 루벤이 엄마를 위해 만든 점토 꽃병을 떨어뜨려 깨지고 말았어요.
루벤은 이제 새로운 생일 선물을 찾아야 해요.
무엇을 선물하면 좋을까요?

엄마랑 바닷가로 가면서 루벤은
새로운 선물을 찾으려고 주위를 둘러봤어요.
길가의 나뭇잎들이 붉게 물들어 가고 있었어요.
"엄마, 왜 나뭇잎은 색깔이 변해요?"
루벤이 물었어요.

"이제 가을이라 햇빛이 줄어들고 온도가 낮아져서
초록빛을 띠는 엽록소가 파괴되기 때문이란다.
날이 더 추워지면 나뭇잎이 떨어질 거야."
"엄마는 나무에 대해서 어떻게 그렇게 잘 알아요?"
"그게 엄마 직업이거든. 엄마가 생물학자잖아.
생물학자는 살아 있는 것들을 연구하는 과학자란다."

태양이 구름 사이로 모습을 드러냈어요.
"가을이지만 선크림을 바르기 잘한 것 같구나!"
엄마가 말했어요.

"엄마, 저 멀리 떨어져 있는 태양이 어떻게 우리를 비출 수 있어요?"
루벤이 물었어요.

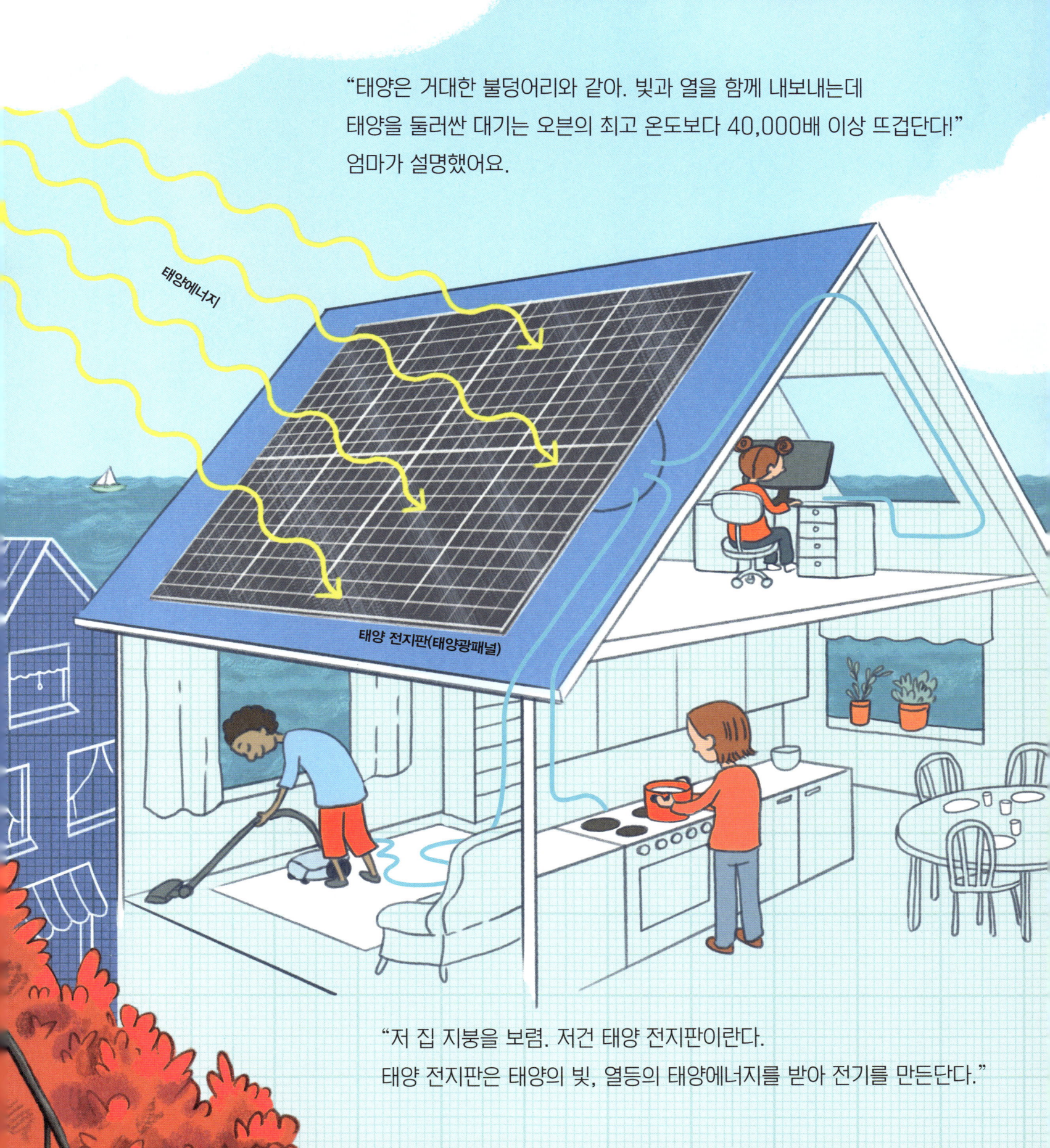

쓰레기통 종류가 많은 건
재활용을 위해 분리수거를 해야 하기 때문이란다.
쓰레기는 각각 다른 용도로 재활용되거든.

예를 들면 유리는 녹여서
새로운 병을 만드는 데 사용하지.

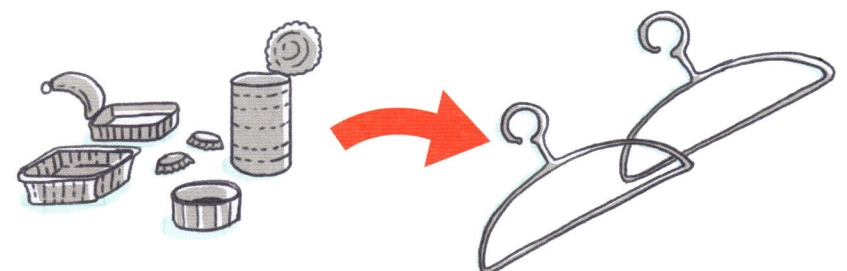

음식을 담았던 깡통이나 철은 클립이나
옷걸이와 같은 제품으로 재활용되고

낡은 종이는 다시 종이가 되거나 화장지가 된단다.

플라스틱도 분리수거를 하지만 재활용하기는 힘들지.
그렇기 때문에 가능하면 플라스틱 제품을
사용하지 않는 것이 좋아. 특히 일회용
플라스틱은 되도록 사용하지 않아야 해.

루벤과 엄마가 공원을 지나갔어요.
"엄마, 아기 오리들이 정말 귀여워요!"
루벤이 말했어요.
엄마는 고개를 끄덕였어요.
"아마 태어난 지 얼마 안 되었을 거야. 그런데도
아기 오리들은 금방 수영할 수 있단다. 사람은 태어나서
걷기까지 적어도 1년은 걸리는데 말이야!"
엄마는 루벤에게 인간과 동물이 어떤 면에서는 비슷하지만
또 어떤 면에서는 매우 다르다고 설명했어요.

"동물은 진화라는 과정을 거치면서 각기 독특한 종으로 발전했어. 19세기에 찰스 다윈이라는 생물학자가 이 진화론을 내세웠단다. 예를 들어 어떤 나비들은 자신을 지키기 위해 적이 무서워하도록 날개가 특정한 무늬나 색깔로 진화한 거란다."

루벤은 키가 큰 꽃들 앞에서 멈추었어요.
"엄마, 여기 꽃 좀 보세요. 이 꽃들은 정말 키가 커요!"

드디어 바닷가에 도착했어요.
루벤은 눈을 감고 크게 심호흡을 했어요.
"엄마 왜 이렇게 짠 냄새가 나요?" 루벤이 물었어요.
"바닷물에는 소금이 들어 있단다." 엄마가 말했어요.
"아주 오래전, 지구에는 수백 년 동안 비가 내렸어. 그때 바위에 있던 소금기도 함께 빗물에 씻겨 내렸지. 빗물이 바다로 흘러 들어가 바닷물을 이루었단다. 태양이 바다를 데우면 바다 표면의 수분이 증발하고 다시 비로 내려 바닷물은 항상 짜단다."

루벤은 바다에서 신나게 놀다가 나왔어요.
엄마는 수건으로 루벤의 발을 닦아줬어요.
"발이 다 젖었어요. 수건이 있어서 다행이에요."
루벤이 말했어요.

수건은 물기를 흡수하지만 우리 피부는 그 반대란다.
피부는 몸속의 피를 보호하기 위해
지방을 포함하고 있어서 수분을 차단하거든.

엄마가 해변에 있는 가게를 가리켰어요.
"간식 먹을까?"
엄마는 얼음이 들어간 시원한 주스를,
루벤은 달콤한 아이스크림을 주문했어요.

"아이스크림이 녹기 전에 어서 먹으렴."
엄마가 말했어요.

"엄마, 아이스크림은 왜 녹는 거예요?"
루벤이 물었어요.

얼음

지방

설탕

아이스크림은 액체를 아주 낮은 온도에서 얼려서 만든단다. 냉동실 밖으로 나와 온도가 높아지면 다시 액체로 변하지.

"얼음처럼 말이죠!"
루벤이 얼음이 든 주스를 보며 대답했어요.

"엄마, 아이스크림 하나 더 먹어도 돼요? 너무 맛있어요!"
루벤이 물었어요.
"다음에 먹으렴. 아이스크림을 많이 먹으면 몸에 좋지 않아."
엄마가 웃으며 대답했어요.
"왜요?"
루벤이 물었어요.

아이스크림에는 설탕이 많이 들어 있어. '마리 메이너드 데일리'라는 과학자는
우리가 먹는 음식이 우리 몸에 어떤 영향을 미치는지 연구했단다.
설탕이 우리 몸에 어떤 영향을 끼치는지 알아내고 싶어 했지.

마리는 심장을 건강하게 유지하려면
설탕을 적게 섭취해야 한다는 것을 발견했어.

루벤은 다시 모래사장으로 갔어요.
"모래성이 엄마 생일 선물로 괜찮을 것 같아!"
루벤은 엄마를 위해 생일 케이크 모양의 모래성을 쌓기 시작했어요.

루벤은 몇 개의 양초를 만들어야 할지 궁금했어요.
"엄마는 몇 살이에요?"

"엄마는 44살이란다. 엄마 나이가 많은 것 같지? 하지만 신시아 케년이라는 아주 똑똑한 과학자가 모든 인간이 100살 넘어서까지 살 수 있는 방법을 연구 중에 있단다!"

"신시아는 벌레 안에 들어 있는 유전자를 조작해 수명을 두 배로 늘리는 실험에 성공했단다! 이 발견을 통해서 인간이 더 오래 살 수 있는 방법을 연구하는 중이지."

유전자

세포

벌레

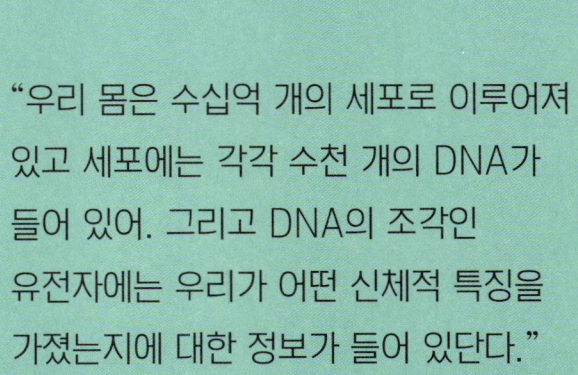

"우리 몸은 수십억 개의 세포로 이루어져 있고 세포에는 각각 수천 개의 DNA가 들어 있어. 그리고 DNA의 조각인 유전자에는 우리가 어떤 신체적 특징을 가졌는지에 대한 정보가 들어 있단다."

그때 바닷물이 모래성 쪽으로 밀려오면서 루벤이 만든 모래성을 허물기 시작했어요.
루벤은 놀라서 벌떡 일어났어요.
"저거 엄마 생일 선물이었는데…… 엄마를 위해 만든 선물인데 그만 부서져 버렸어요."
루벤이 울음을 터뜨렸어요.

엄마는 두 팔로 루벤을 꼭 안아 주었어요.
"걱정 마, 루벤. 엄마가 세상에서 가장 사랑하는 루벤과 하루를 즐겁게 보냈으니 넌 이미 엄마에게 최고의 생일 선물을 준 것과 다름없단다."

"엄마, 그건 정말 좋은 선물 같아요. 이제까지 그걸 몰랐어요.
내가 새로운 사실을 발견한 것 같아요."
루벤은 골똘히 생각하더니 말했어요.
"꼭 과학자처럼 말하는걸!"
엄마가 웃으며 말했어요.

"과학자 이야기를 들려 줄까? 과학자들은 늘 무언가를 찾고 있지만 정확히 무엇인지 모르는 경우가 많아. 과학자는 사물을 관찰하고 세상이 어떻게 움직이는지에 대해 끊임없이 실험을 하고 새로운 진리와 법칙을 발견한단다. 정말 대단한 일이지!"

알렉산더 플레밍은 우연히 항생 물질을 발견한 과학자란다.
어느 날 휴가를 마치고 연구실로 돌아온 플레밍은 세균을 기르던 접시에서 푸른곰팡이를 발견했어.

플레밍은 푸른곰팡이가 세균을 죽인다는 사실을 알게 되었지.
플레밍은 처음에 그것을 곰팡이 주스라고 불렀단다!
그것이 오늘날 우리가 알고 있는 페니실린이야.
페니실린은 세균성 질병을 치료하는 데 사용되고 있지.
이 발견으로 공동연구자들과 함께 노벨생리학·의학상을 수상했단다.

"우와! 그런데 궁금한 게 있어요."
루벤이 말했어요.

우주는 텅 비어 있을까요?

우리는 늙지 않을 수 있을까요?

혹시 궁금한 일을 관찰한 적이 있나요?
여러분은 관찰한 것을 과학자나 선생님에게 질문할 수 있어요.
자료나 정보를 찾는 다른 방법들도 있어요.
어른들과 함께 인터넷을 검색하거나 책을 읽을 수도 있지요.

과학자들은 우리가 살고 있는 세상을 이해함으로써
우리의 일상과 미래의 삶을 더 좋게 바꾸려고 노력해요.

과학자들은 어떻게 발견을 할까요?

과학자들은 어떤 일이 어떻게 일어나는지 알아내기 위해 조사하고 실험해요.

보이지 않는 잉크를 만들어 볼까요? 간단한 실험을 한번 해 봐요.

먼저 어른들에게 허락을 받아야 해요.

어떤 실험은 주변을 엉망으로 만들 수도 있으니까요!

그릇에 레몬 반쪽을 짜낸 즙과 물 몇 방울을 섞어요.

완벽하게 보이지 않는 잉크를 만드는 데 필요한 물과 레몬즙의 비율을 실험해 볼 수도 있어요.

면봉을 물과 섞은 레몬즙에 적신 다음 흰색 종이에 비밀 편지를 써 보세요.

열을 가하면 물이 증발하고 레몬즙 속에 들어 있는
산만 남아서 갈색으로 변해요. 물이 레몬즙을
보이지 않게 만들어 주는 역할을 하지요.

여러분이 쓴 편지를 보이게 하려면
종이를 불빛에 비춰 보세요.
그러면 여러분이 써 놓은 글씨가
불빛의 열로 인해 갈색으로 변할 거예요.

친구들과 함께 배우고 실험하는 것도
좋은 방법이 될 수 있어요.

레몬 대신 맑은 식초나
우유와 같이 부엌에서 쉽게 찾을 수 있는
다른 액체를 사용해 보면 어떨까요?

실험이 실패해도 실망하지 마세요.
반응이 없다는 것을 발견하는 것은
반응이 있다는 것을 발견하는 것만큼이나
중요하다는 사실을 기억하세요.

좋은 과학자는 세상을 더 나은 곳으로 만든답니다!

이 책을 아빠, 소라야, 샬린 그리고 특히 끊임없는 호기심으로 이 책의 영감이 되어 준 엄마에게 바칩니다. 여러분의 지원과 사랑에 감사드립니다.

— 시니 소마라

과학을 사랑하는 나의 파트너 주시에게

— 나자 사렐